KLAUS STERN

Grundfragen der globalen Wirtschaftssteuerung

SCHRIFTENREIHE
DER JURISTISCHEN GESELLSCHAFT e.V.
BERLIN

Heft 34

Berlin 1969

WALTER DE GRUYTER & CO.

vormals G. J. Göschen'sche Verlagshandlung · J. Guttentag, Verlagsbuchhandlung
Georg Reimer · Karl J. Trübner · Veit & Comp.

Grundfragen
der globalen Wirtschaftssteuerung

Von

Dr. jur. Klaus Stern

ord. Professor
an der Universität Köln

Vortrag
gehalten vor der
Berliner Juristischen Gesellschaft
am 10. Januar 1969

Berlin 1969

WALTER DE GRUYTER & CO.

vormals G. J. Göschen'sche Verlagshandlung · J. Guttentag, Verlagsbuchhandlung
Georg Reimer · Karl J. Trübner · Veit & Comp.

Archiv-Nr. 27 27 69/1

Satz und Druck: ⑤ Saladruck, Berlin 36

I.

Nach Heraklit soll man bekanntlich nicht zweimal durch denselben Fluß gehen. Wenn ich es nach einer Kommentierung des Gesetzes zur Förderung der Stabilität und des Wachstums der Wirtschaft (StabG) und einer Untersuchung von Konjunktursteuerung und kommunaler Selbstverwaltung für den 47. Deutschen Juristentag[1] dennoch ein drittes Mal wage und über Grundfragen der globalen Wirtschaftssteuerung referiere, so bedarf das einer besonderen Rechtfertigung. Zwei vordergründige Anlässe sind zu nennen: Einmal das Gesetz über Maßnahmen zur außenwirtschaftlichen Absicherung vom 29. 11. 1968 (BGBl. I S. 1255), die innerstaatliche Konsequenz der Bonner Währungsgespräche des sog. Zehnerclubs vom 20. 11. 1968; zum Zweiten das Erscheinen des 5. Jahresgutachtens des Sachverständigenrats zur Begutachtung der gesamtwirtschaftlichen Entwicklung, das im Dezember 1968 der Allgemeinheit unter dem Titel „Alternativen außenwirtschaftlicher Anpassung" zugänglich gemacht wurde. Von größerem Gewicht und namentlich von verfassungsrechtlicher Relevanz ist jedoch mein hintergründiges Motiv: Ich möchte es durch die These einer zunehmenden Schwächung des staatlichen Willens und der Deformierung rechtlicher, insbesondere staatsrechtlicher Strukturen und Institutionen zu Gunsten staatlich-gesellschaftlicher Kondominien umschreiben.

Mein Thema zwingt zunächst freilich zu einer Eingrenzung und einer kurzen entwicklungsgeschichtlichen Betrachtung:

1. Die Präsenz des Staates in der Wirtschaft und sein Verhältnis zur Wirtschaft sind in letzter Zeit vielfach untersucht worden. Drei grundsätzliche Dimensionen müssen unterschieden werden:

---

[1] Vgl. *Klaus Stern — Paul Münch*, Kommentar zum StabG, Stuttgart 1967; Klaus Stern, Konjunktursteuerung und kommunale Selbstverwaltung — Spielraum und Grenzen (Gutachten), München 1967. Daselbst auch umfangreiche Literaturnachweise, die hier aus Raumgründen weitgehend unterblieben sind.

Erstens: Die Teilnahme des Staates an der Wirtschaft, auch sogenannte erwerbswirtschaftlich-fiskalische Tätigkeit genannt, repräsentiert etwa durch die großen Industriekonzerne des Bundes wie Viag, Hibernia, Salzgitter-AG usw. im Werte von vielen Milliarden[2].

Zweitens: Die Aufsicht des Staates über die Wirtschaft, wie sie sich beispielhaft namentlich in der Energie-, Kreditwesen- und Versicherungsaufsicht zeigt[3].

Drittens: Ein neuartiger Sektor, der nicht ähnlich griffig zu umschreiben ist wie die vorgenannten und auch in seinen rechtlichen Konturen bisweilen noch verschwommen wirkt; sprach man früher von Interventionismus oder Dirigismus, so neigt man heute dazu, von Lenkung oder Steuerung der Wirtschaft zu reden, und macht durch den Zusatz *Global*-Steuerung klar, daß nicht das Modell einer mehr oder weniger total verplanten Zentralverwaltungswirtschaft östlicher Provenienz gemeint ist.

Mit eben dieser globalen Wirtschaftssteuerung wollen sich meine Ausführungen beschäftigen.

2. Hatte *Wilhelm von Humboldt* in seinen „Ideen zu einem Versuch die Grenzen der Wirksamkeit des Staates zu bestimmen" die Funktion des Staates auf den Sicherheitszweck beschränkt[4] — wohl als Antwort auf die Unbegrenztheitsdoktrin des absoluten Staates —, so weiß eine Allgemeine Staatslehre des Modernen Staates, nämlich die *Herbert Krügers*, eine aktive Konjunkturpflege als legitime und unerläßliche Aufgabe des Staates zu orten[5]. Daran anknüpfend wird ein Verfassungsauftrag staatlicher Wachstumsvorsorge angenommen[6]. Diese Wandelungen des Staatsbildes werden gemeinhin in den Etikettierungen Rechtsbewahrstaat bzw. Leistungsverwaltungs- oder

---

[2] Dazu zuletzt *H. Bülck*, Öffentliche Unternehmen im deutschen und europäischen Recht, in: Politik und Verwaltung Heft 10, 1968; *Wolfgang Rüfner*, Formen öffentlicher Verwaltung im Bereich der Wirtschaft. Untersuchungen zum Problem der leistenden Verwaltung, Berlin 1967; *Hans H. Klein*, Die Teilnahme des Staates am wirtschaftlichen Wettbewerb, Stuttgart 1968; demnächst die Kölner Habilitationsschrift von *Günter Püttner*, Die öffentlichen Unternehmen — Verfassungsfragen zur wirtschaftlichen Betätigung der öffentlichen Hand.

[3] *Ekkehart Stein*, Die Wirtschaftsaufsicht, Tübingen 1967; *Jürgen Salzwedel* und *Martin Bullinger*, Staatsaufsicht in Verwaltung und Wirtschaft, in: VVDStRL Heft 22, Berlin 1965.

[4] Werke, hrsg. von *Flitner* und *Giel*, Bd. 1, 1960, S. 96.

[5] S. 588.

[6] Vgl. die Hinweise bei *Stern-Münch*, a. a. O. (Fußn. 1), S. 53.

Sozialstaat eingefangen. Genauer müßte wohl von einem Staat gesprochen werden, der allgemein nur noch in seiner Funktion zur Gewährleistung gesellschaftlicher und ökonomischer Sekurität gebilligt wird, die beide freilich untereinander so interdependent sind, daß das, was man für gesellschaftlichen Fortschritt[7] hält, überhaupt nur durch ökonomisches Wachstum erreichbar ist. Zwangsläufig rückt damit die Förderung wirtschaftlicher Stabilität und wirtschaftlichen Wachstums in die gravitätische Mitte staatlicher Aufgabenerledigung. Und die für Wirtschaft und Finanzen verantwortlichen Regierungsmitglieder sind nicht nur in Frankreich und Italien, sondern auch in Deutschland — mindestens seit der „Großen Koalition" auch im allgemeinen Bewußtsein — zu Schlüsselfiguren aufgerückt, die die ehedem klassischen Ministerien in den Hintergrund rücken. Zwei Weltkriege sowie Inflations- und Deflationskrisen in den 20iger und 30iger Jahren haben den Selbststeuerungsmythos von Gesellschaft und Wirtschaft entzaubert und den Ruf nach „allgemeiner" und „besonderer" Stabilisierung[8] durch den Staat in allen Industrieländern der Welt nicht mehr verstummen lassen. Die New-Deal-Gesetzgebung *Franklin D. Roosevelt*s und die Notverordnungspraxis des Reichspräsidenten seit 1930 waren die juristische Kennzeichnung dieser Lage und ihrer Meisterung. Vier Notverordnungen „zur Sicherung von Wirtschaft und Finanzen" erweisen sich als die gedanklichen Vorläufer späterer Legislativakte, wie Haushaltssicherungsgesetz vom 20. 12. 1965[9] und Finanzplanungsgesetz vom 23. 12. 1966[10], des Stabilitäts- und jetzt des Absicherungsgesetzes. Sie verdeutlichen, daß es ein Spezifikum dieser Art staatlicher Aktivität ist, das Gesetz instrumental und nicht mehr normativ zu nutzen[11].

---

[7] Den zu fördern, die Weimarer Verfassung in ihrer Präambel als Verfassungsziel proklamiert.

[8] Dies unterscheidet trefflich *Georg Roth*, Die Gefahrenvorsorge im sozialen Rechtsstaat, Speyerer Schriftenreihe Bd. 38, 1968. Das Jahresgutachten 1968/69 des Sachverständigenrats bemerkt: „Wer das Schicksal der Konjunktur nicht rechtzeitig selbst in die Hand nimmt, liefert sich ihm aus" (Tz. 282).

[9] BGBl. I S. 2065.

[10] BGBl. I S. 697. S. ferner die jeweils am Ende des Jahres ergehenden Steueränderungsgesetze.

[11] Vgl. auch *R. Schaeder*, Gemeinwohl und öffentliche Interessen im Recht der globalen Wirtschafts- und Finanzplanung, in: Speyerer Schriftenreihe Bd. 39, 1968, S. 92, 101, 104.

3. Indessen ist zumindest in der wirtschaftspolitischen Lösungsmethode der Probleme der „großen" Krise der Jahre 1930—1932 im Vergleich zur „kleinen" Krise 1966/67 ein bemerkenswerter Wandel feststellbar. Brüning hatte mittels einer Ausgabenkürzung von 6 Milliarden RM bei den Gebietskörperschaften und Sozialversicherungsträgern in den Jahren 1930 bis 1932 und einer daraus folgenden Minderung der Einzelhaushalte gearbeitet sowie Preissenkungsmaßnahmen durchgesetzt. Demgegenüber ist nunmehr der Weg zweier Konjunkturankurbelungsprogramme mit der Ausgabe von rund 12 Milliarden[12] gewählt worden, deren Einsatz die Rezession nach Meinung mancher Stimmen schon überkompensiert hat. Der Fehlschlag zu damaliger und der Erfolg in jüngster Zeit haben die Richtigkeit des Kurswechsels zumindest äußerlich gerechtfertigt, auch wenn vor allem von Seiten der Bundesbank Warnungen nicht ausgeblieben sind[13].

4. Staatsrechtlich offenbart sich diese Stiländerung in folgendem: Beruhten die Notverordnungen der 30iger Jahre noch auf den in polizeilichen Generalklauseln der Gefährdung oder Störung der öffentlichen Sicherheit und Ordnung denkenden Ausnahme-Ermächtigungen des Art. 48 WV, die „Maßnahmen" zur Überwindung erlaubten, so sind die neuen Vollmachten Ausdruck eines „crisis management", das durch Vorbeugung die Krise gar nicht erst aufkommen lassen will. Anders ausgedrückt: Die repressive Krisenbeseitigung soll einer präventiven Krisenverhütung weichen. Zur Erreichung dieses Zieles bedurfte es erheblicher diagnostischer und therapeutischer Vorkehrungen in institutioneller Hinsicht, die bislang noch keineswegs abgeschlossen erscheinen, wie insbesondere die Finanz- und Haushaltsverfassungsreform zeigen. Immerhin kann schon jetzt ein breites Spektrum gesetzlich verankerter moderner wirtschaftspolitischer Strategien verzeichnet werden. In zeitlicher Reihenfolge sind als für die Gesamtwirtschaft bedeutsam zu nennen:

---

[12] Über ihre Auswirkungen vgl. den Bericht der BReg. an den BTag in der Zusammenfassung der Deutschen Sparkassenzeitung v. 24. 12. 1968.

[13] So vor allem die Bietigheimer Rede *Karl Blessings*, die in ihren deutlichen Warnungen vor den Gefahren des deficit spending nur von der Neuen Zürcher Zeitung v. 17. 11. 1968 — soweit ich sehe — ausführlicher referiert worden ist.

a) Das Gesetz vom 24. 6. 1948 (GVBl. Wirtschaftsrat 1948, S. 59) „über Leitsätze für die Bewirtschaftung und Preispolitik nach der Geldreform", das infolge des raschen Wirtschaftsaufschwungs keine große Bedeutung erlangte.

b) Das Bundesbankgesetz vom 26. 7. 1957, das die Unabhängigkeit der Bundesbank letztendlich gewährleistet, sie als Hüter der Währung installiert und mit beachtlichen kreditpolitischen Steuerungsinstrumenten — Diskont-, Lombard-, Mindestreserve- und Offenmarktpolitik — ausstattet[14].

c) Der am 1. 1. 1958 in Kraft getretene EWG-Vertrag, der in seinen Art. 103 ff. die nationale Konjunkturpolitik als Angelegenheit von gemeinsamem Interesse erklärt und sie auf jene Ziele verpflichtet, die auch das spätere StabG verankert[15].

d) Das Außenwirtschaftsgesetz vom 28. 4. 1961, mittels dessen der Außenwirtschaftsverkehr reglementiert werden kann, wie etwa die jüngste Genehmigungspflichtigkeit von Kapitaleinfuhren oder das seinerzeitige Großröhrenausfuhrverbot zeigen.

e) Das Sachverständigenratsgesetz vom 14. 8. 1963 (BGBl. I S. 685), das jenes Gremium der sogenannten fünf Weisen geschaffen hat, die allerdings jetzt nur noch vier sind, berufen mit dem Ziel einer „periodischen Begutachtung der gesamtwirtschaftlichen Entwicklung in der BRD und zur Erleichterung der Urteilsbildung bei allen wirtschaftspolitisch verantwortlichen Instanzen sowie in der Öffentlichkeit" (§ 1).

f) Einen deutlichen Schritt in Richtung auf eine Globalsteuerung der Wirtschaft brachte jedoch erst die Verfassungsänderung des Art. 109 GG und der Erlaß des StabG, beide vom 8. Juni 1967.

g) Den derzeitigen Schlußstein jener sich als Maßnahmen des wirtschaftspolitischen Krisenmanagement verstehenden Gesetze bildet das „Gesetz über Maßnahmen zur außenwirtschaftlichen Absicherung gemäß § 4 des Gesetzes zur Förderung der Stabili-

---

[14] Dazu *Samm*, Die Stellung der Deutschen Bundesbank im Verfassungsgefüge, Berlin 1967; *Uhlenbruck*, Die verfassungsmäßige Unabhängigkeit der Deutschen Bundesbank und ihre Grenzen, München 1968; *Weiland*, Regelungskompetenzen der Deutschen Bundesbank, Diss. Hamburg 1967, jeweils mit weit. Nachw.; *Gerhard Prost*, Die Deutsche Bundesbank im Spannungsbereich anderer unabhängiger Organe und Institutionen, in: Geld, Kapital und Kredit (hrsg. von *Hans E. Büschgen*) 1968, S. 110 ff.; *K. H. Hansmeyer*, Wandlungen im Handlungsspielraum der Notenbank?, in: Geldtheorie und Geldpolitik 1968, S. 155 ff.

[15] Dazu die Nachweise bei *R. Schaeder*, a. a. O. (Fußn. 11), S. 93 Anm. 2.

tät und des Wachstums der Wirtschaft" — sogenanntes Absicherungsgesetz — vom 29. 11. 1968 (BGBl. I S. 1255) und gewisser, wie es heißt, flankierender Maßnahmen wie der 14. Verordnung zur Änderung der Außenwirtschaftsverordnung vom 22. 11. 1968 (BGBl. I S. 1197), durch die u. a. eine Genehmigungspflicht für die Entgegennahme von Einlagen auf Konten Gebietsfremder bei deutschen Geldinstituten eingeführt wurde, sowie einer Erhöhung der Mindestreservesätze für Auslandsverbindlichkeiten der Kreditinstitute.

II.

Den letztgenannten drei Gesetzen gilt in der Folge meine Aufmerksamkeit; in ihnen sehe ich die Fundamente des neuen wirtschaftspolitischen Stils des Staates gelegt, von dem ein nachhaltiger Einfluß auf die Struktur unserer staatlichen Existenz ausgehen kann. Ich beginne wegen seiner grundsätzlichen Bedeutung mit dem StabG, das hier nur in einigen, aber, wie mir scheint, substantiellen Fragen zur Erörterung stehen kann.

1. Zwar war es in der Hauptsache die Inpflichtnahme der öffentlichen Haushalte zur Herstellung eines gesamtwirtschaftlichen Gleichgewichts und die Verankerung einer antizyklischen Finanzpolitik, worum sich dieses Gesetz bemühte, aber es wurden doch auch dezidiert wirtschaftspolitische Generalziele und Instrumente festgelegt, so daß sich von nun an die Wirtschaft einer neuen Konzeption und Datengebung des Staates gegenübersieht. Man mag darin zugleich eine Änderung der Wirtschaftsverfassung erblicken[16]. Wesentlicher erscheint mir jedoch folgendes: Die ökonomischen Positionen, wie sie bislang auch in der Rechtswissenschaft vorwiegend im Verhältnis zwischen Staat und Wirtschaftsbürger betrachtet wurden, sind verändert worden, indem auch die staatliche Finanzwirtschaft „ökonomisiert"

---

[16] Entscheidender in diesem Komplex ist aber die Frage, inwieweit eine wechselseitige Gleichgestimmtheit oder wenigstens Konvergenz von staatlicher und wirtschaftlicher Ordnung bestehen oder sich bedingen, was neuerdings *Schaeder* wieder mit Recht betont (vgl. a. a. O., Fußn. 11, S. 102 ff., und ders., Vergleich der Gesamtsysteme von Wirtschafts- und Staatsordnung, Jb. f. Soz. Wiss. 1968, S. 303 ff.).

worden ist, d. h., es ist eine alte Forderung der Finanzwissenschaft realisiert worden, und zwar dadurch, daß das Budget aus seiner rein bedarfsdeckenden Funktion herausgeführt wurde und mit aller Deutlichkeit als Steuerungsmittel des wirtschaftlichen, insbesondere des konjunkturellen Geschehens eingesetzt wird. Für Staat und Wirtschaft folgt hieraus, daß „im Rahmen der marktwirtschaftlichen Ordnung" (§ 1 Satz 2 StabG) und neben einem schon bisher geübten und weiter angewendeten partiellen Interventionismus, bes. in der Landwirtschaft, der Außenwirtschaft[17] und bestimmten Krisenbereichen, wie z. B. der Kohlewirtschaft[18], ein System ständig virulenter Globalsteuerung konstituiert ist. Namentlich der Wirtschaftsausschuß des Bundestags hat diese Deutung bei der Beratung des StabG unwidersprochen betont[19]. Mit dem Begriff Globalsteuerung ist im wesentlichen folgende wirtschaftspolitische Konzeption verbunden: „Zum Wettbewerb, der die mikroökonomischen Beziehungen reguliert, bedürfe eine marktwirtschaftliche Ordnung noch der Lenkung der Makrogrößen, wie Volkseinkommen, Ein- und Ausfuhr, Investitionsquote, (Geld- und Kreditvolumen) usw. Diese müßten Gegenstand der wirtschaftspolitischen Planung durch die Regierung sein"[20]. Auf eine staatsrechtliche Formel gebracht, bedeutet sie die Verwirklichung der oben erwähnten Verfassungsaufträge der Konjunkturpflege und Wachstumsvorsorge mit dem Mittel der Projektierung und Steuerung des volkswirtschaftlichen Rahmens, in dem sich der Wirtschaftsprozeß der Unternehmen und Haushalte abspielt, und dem Ziel einer Sicherung des gesamtwirtschaftlichen Gleichgewichts.

Ohne daß das GG oder das StabG den Begriff globale Wirtschaftssteuerung verwenden, ist dieser New Deal der Wirt-

---

[17] Vgl. im einzelnen *Roth*, a. a. O. (Fußn. 8), S. 39 ff. und *Volkmar Götz*, Recht der Wirtschaftssubventionen, München 1966.
[18] Vgl. dazu etwa zuletzt *Biedenkopf*, Ordnungspolitische Probleme der neuen Wirtschaftspolitik, in: Jb. f. Soz. Wiss. 1968, S. 308 ff.
[19] Vgl. Drucks. zu V/1678, S. 3; vgl. auch *Karl Schiller*, Preisstabilität durch globale Steuerung der Marktwirtschaft, *Walter Eucken* Institut Heft 15, Tübingen 1966.
[20] *Chr. Watrin*, Marktwirtschaft und Globalsteuerung, in: Die Aussprache 1967, S. 97. — Über die durch das StabG bedingte Notwendigkeit einer Zusammenarbeit von Rechts- und Wirtschaftswissenschaft vgl. *Greitemann*, in: Wirtschaftsprüfer im Dienste der Wirtschaft, Festschrift für *Ernst Knorr*, Düsseldorf 1968, S. 257 ff.

schafts- und Finanzpolitik der BRD unbestritten als dessen, wie
Schiller sagt, „formulierte Grundentscheidung" anzusehen[21]. Indessen ist auf zweierlei aufmerksam zu machen: Der Begriff
Globalsteuerung ist weder neu — der Vortragende hat ihn
bereits in seiner (unveröffentlichten) Münchener Habilitationsschrift 1961 verwendet — noch bislang unpraktiziert gewesen[22].
Die Gesamtheit der notenbankpolitischen Maßnahmen ist global
steuernd; ferner beruhten Teile der Planification Frankreichs,
Italiens und der EWG-Organe auf dieser Konzeption. Nicht
zuletzt haben frühere Bundesregierungen trotz des *Erhard*schen
Verdikts in einem Interview im Handelsblatt vom 21. 12. 1962:
„geplante Wirtschaft (ist) nach allem, was wir erlebt haben, ...
gespenstisch" wiederholt derartige Mittel zumindest als Signal-
wirkungen ihrer Wirtschaftspolitik eingesetzt. Es seien erwähnt
die Aufwertung von 1961, die Ankündigung der „Kouponsteuer"
1964, zollpolitische Beschlüsse vom März 1964, die Er-
richtung eines Konjunkturausschusses unter *Müller-Armack*, die
Begrenzung der Steigungsrate der öffentlichen Haushalte auf
6 % für das Jahr 1965. Grundlegend neu ist jedoch die rechtliche Zielverpflichtung und institutionelle Instrumentalisierung
der globalen Wirtschaftssteuerung durch das StabG. Dieses, so
wird gemeinhin betont, stattet die BRD mit den modernsten
konjunkturpolitischen Waffen aller Staaten aus. Daß dieses
Potential noch nicht für alle Wechselfälle ausreicht, hat die
Währungskrise vom November 1968 gezeigt. Insofern ist die
außenwirtschaftliche Absicherungskompetenz im § 4 am
schwächsten. Auch darf nicht übersehen werden, daß ohne eine
Modernisierung des Haushaltsrechts manches Schwert des Gesetzes nicht die beabsichtigte Wirkung erzielen wird. Abhilfe
scheint auf diesem Gebiet allerdings in Kürze zu erwarten zu sein.

2. Eine normative Verankerung globaler Wirtschaftssteuerung bringt neben ökonomischen eine Vielzahl von staats- und
verwaltungsrechtlichen Problemen mit sich. Einer Reihe von
ihnen bin ich in den eingangs genannten Untersuchungen nach-

---

[21] Nachw. bei *Stern-Münch*, a. a. O. (Fußn. 1), S. 74; *Roth*, a. a. O.
(Fußn. 8), S. 34; *Ernst-Hasso Ritter*, Der Wandel der Wirtschaftspolitik und
die wirtschaftsverfassungsrechtliche Bedeutung des Gesetzes gegen Wettbewerbsbeschränkungen, BB 1968, S. 1393; *Schaeder*, a. a. O. (Fußn. 11),
S. 108 ff., ebenda auch über die Fragen notwendiger Novellierungen des
Gesetzes; *Friauf* (s. unten Fußn. 23) zu Fußnote 67.
[22] Darauf weist mit Recht *R. Schaeder* (a. a. O., S. 101) hin.

gegangen. Die letzte Tagung der Vereinigung der Deutschen Staatsrechtslehrer mit dem Thema „öffentlicher Haushalt und Wirtschaft"[23] hat weitere Fragen gelöst; sie zeigt zugleich mit der Marburger Tagung von 1952 über den Interventionismus und der Hamburger von 1955 über die Finanzverfassung die weite Öffnung der deutschen Staatsrechtslehre gegenüber der Wirtschafts- und Finanzwissenschaft, die davon allerdings kaum Notiz nehmen. Wer darum behauptet, es gehöre zur Tragik der deutschen Staatslehre und des Staatsrechts, daß einmal postulativ die Trennung der Gesellschaft vom Staat vollzogen wurde und es nun schwierig erscheint, die Verfassungswirklichkeit der Gesellschaft und damit auch der Wirtschaft wieder in den rein konservierten Staatsbegriff einzubeziehen[24], übersieht einfach wesentliche Stellungnahmen der Staatsrechtswissenschaft der Nachkriegszeit als auch solche früherer Zeiten, für die breitangelegte Kapitel über Staat und Wirtschaft in den Allgemeinen Staatslehren *Ludwig Waldeckers* oder *Hermann Hellers* nur beispielhaft genannt seien. Hic et nunc kann es freilich nur darum gehen, einige Grundfragen des ebenso vielschichtigen wie schillernden Problemkreises dieses modernen Steuerungsmechanismus herauszugreifen, namentlich unter dem Blickpunkt einiger neuester Fragestellungen, die zugleich meine zu Beginn geäußerte These der Schwächung staatsrechtlicher Formen, die zugleich eine Schwäche des Rechts-Staats wäre, verdeutlichen sollen — eben jenes Staates, der im System der Globalsteuerung ratione necessitatis ein dominierender Faktor sein muß.

a) Das System der globalen Steuerungs- und Planungsinstrumente ist mit der dem GG immanenten verfassungsmäßigen Grundordnung, die auf den unverrückbaren (Art. 79 Abs. 3 GG) Säulen: freiheitsverbürgende Grundrechte, demokratische Rechts-, Sozial- und Bundesstaatlichkeit ruht, vereinbar, wenn der Mechanismus der new economics in das institutionelle System dieser Ordnung integriert werden kann. Diese Einpassung haben maßgebende Wirtschaftswissenschaftler wie *Friedrich A. Lutz*

---

[23] Referate von *Karl Heinrich Friauf* und *Heinz Wagner*, demnächst in Heft 27 der Veröffentlichungen der Vereinigung.
[24] Vgl. etwa statt vieler *H. J. Arndt*, Der Plan als Organisationsfigur und die strategische Planung, PVS 1968, S. 183 Anm. 13. Demgegenüber s. die Ganzheitsbetrachtung bei *R. Schaeder*, a. a. O. (Fußn. 11) und ders., Vergleich der Gesamtsysteme von Wirtschafts- und Staatsordnung, Jb. f. Soz. Wiss. 1968, S. 287 ff., betont S. 288.

und *Karl Schiller*[25] bejaht, ohne freilich zu bemerken, wie sorg-
los manche ihrer Kollegen mit dem Normensystem der Juris-
prudenz umgehen, ja es schlechthin ignorieren. Andere haben
freilich auf Grund empirischer Vergleiche gemeint, jede planification globale habe die Tendenz, in eine imperative Steuerung
überzugehen[26]. Der Wirtschaftspolitiker *Schiller* hat 1966 jeden-
falls bemerkt: Für ein Gesetz der Globalsteuerung „könnte eine
Art ‚Pirandello-Situation' eintreten: es wäre dann ein Gesetz
entstanden, das sich seine Regierung sucht". Gesetz und neue Regierung kamen; freilich fragt sich, ob eine Regierung der 90 %
Parlamentsmehrheit zu einem „wirtschaftspolitischen Grundgesetz" paßt, dessen fein abgewogenes rechtsstaatlich-parlamenta-
risches Balancesystem angesichts des gouvernementalen Steue-
rungspotentials nur dann funktionsfähig ist, wenn die Inter-
organkontrollmechanik vom Parlament auch mit der Aussicht
auf Erfolg in Gang gebracht werden kann, zumal die justizielle
Überprüfungsmöglichkeit von der Sache her auf ein Minimum
reduziert ist. Ich begnüge mich mit diesen kritischen Andeutun-
gen, deren Berechtigung immerhin beim Erlaß des außenwirtschaftlichen Absicherungsgesetzes schon erkennbar geworden ist
und die selbstredend beim Erlaß einer Kreditlimitierungsverord-
nung oder einer Verordnung zur Anlegung einer Konjunktur-
ausgleichsrücklage[27] oder einer Verordnung, die die Einkommen-
und Körperschaftsteuerschuld variiert, noch ein ganz anderes
Gewicht erhielten. Der Verfassungsrechtsstreit zwischen dem
NRW-Finanzminister und der Oppositionspartei um die richtige
Auslegung der Art. 81, 85 NRW-Verfassung — Budgetrecht
des Parlaments und Befugnis des Finanzministers zu Haushalts-
überschreitungen und außerplanmäßigen Ausgaben — mag als
erster Vorbote um eine zutreffende Ausdeutung des parlamenta-
risch-gouvernementalen Kondominiums konjunktursteuernder
Finanzierungskompetenzen angesehen werden. Bekanntlich hält
der NRW-Verfassungsgerichtshof das sogenannte Notbewilli-
gungsrecht des Finanzministers für außerordentlich weitgehend

---

[25] Fundstellen bei *Otto Schlecht*, Konzertierte Aktion als Instrument der
Wirtschaftspolitik, *Walter Eucken* Institut Heft 21, Tübingen 1968, S. 4.
[26] Vgl. *Watrin*, a. a. O. (Fußn. 20), S. 105, im Anschluß an *Kleps*, Lang-
fristige Wirtschaftspolitik in Westeuropa, Freiburg 1966, S. 454 ff.
[27] Von deren möglicherweise bevorstehendem Erlaß sprach Bundesfinanzminister *Strauß* in einer Rede vor der Bayerischen Handelsbank in München
(vgl. Neue Zürcher Ztg. v. 17. 11. 1968).

und dessen Ermessensgrenzen sogar dann nicht für überschritten, wenn keine konkrete Deckung der Mehrausgaben angegeben wird, solange durch die Gesamteinnahme eine hinreichende Deckung vorhanden sei[28]. Dem Bundesfinanzminister ist bei solcher Auslegung auch des Art. 112 GG, der mit Art. 81 NRW-Verf. gleichlautet, ein beachtliches konjunkturpolitisches Steuerungspotential in die Hand gegeben, das seine kabinettspolitische Machtposition verfassungsrechtlich und verfassungswirklich beträchtlich stärkt.

b) Das Modell einer Konjunktur- und Wachstumspolitik mit dem erklärten Ziel einer optimalen Ausgewogenheit des unbehaglichen Vierecks: Stabilität des Preisniveaus, hoher Beschäftigungsstand, außenwirtschaftliches Gleichgewicht sowie stetiges und angemessenes Wirtschaftswachstum bedarf einer umfassenden diagnostischen und prognostischen staatlichen oder parastaatlichen Apparatur zur Durchsetzung. Unter rechtswissenschaftlichen Aspekten drängt sich eine Betrachtung von drei Erscheinungen dieses Problemkreises auf:

α) Finanzplanung;

β) „Konzertierte Aktion";

γ) Sachverständigenrat zur Begutachtung der gesamtwirtschaftlichen Entwicklung.

α) Zur Finanzplanung

Es gehört zum Kennzeichen des modernen Staates in der gesamten westlichen Welt, daß er teils früher teils später die Erfüllung der ihm gestellten Aufgaben nicht mehr der Improvisation oder der kurzfristigen, aus der Notwendigkeit des Tages fließenden ad-hoc-Entscheidung überlassen kann, sondern die Institution mittel- bis langfristiger *Planung* in sein politisches Instrumentarium zu übernehmen gezwungen ist. In welchem Umfang und auf welchen Gebieten dies geschehen ist, zeigen eindrucksvoll die drei von *Joseph H. Kaiser* herausgegebenen Bände „Planung". Dieses Instrument der Planung soll hier als Vorausdenken zukünftigen Geschehens durch Festlegung der anzustrebenden Ziele und der dazu erforderlichen Mittel mit dem Zweck, das Verhalten der Planadressaten zu beein-

---

[28] Vgl. Schriftl. Urteil S. 25/26. Kritische Bemerkungen bei *Friauf*, a. a. O. (Fußn. 23) zu Fußnote 151.

flussen, umschrieben sein[29]. Ohne den Begriff detailliert fest-
zulegen, haben Art. 109 Abs. 3 GG und § 9 StabG für den Sektor Staatsfinanzwirtschaft neben dem jährlich programmieren-
den Haushaltsplan eine fünfjährige Finanzplanung zwingend
vorgeschrieben und damit eine alte (bereits früher in Preußen
verwirklichte) Forderung der Finanzwissenschaft realisiert[30]. Als
Vorausschau der Einnahme- und Ausgabeentwicklung will sie
„Navigationsunterlagen"[31] für das gesamtwirtschaftliche Lei-
stungsvermögen, für die antizyklische Finanzpolitik und den
Haushaltsplan gewähren. Politisch und rechtlich gesehen, bedeutet sie ein in Zahlen und Zielprojektionen niedergelegtes
mittelfristiges Programm der jeweiligen Regierung, die ihn nach
§§ 9 Abs. 2, 14 StabG zu beschließen und dem Parlament vor-
zulegen hat[32]. § 48 Entwurf eines Haushaltsgrundsätzegesetzes
wird den bisher schon amtierenden, in Analogie zum Konjunk-
turrat gebildeten Finanzplanungsrat von Bund und Ländern
legalisieren und damit eine Konzertierung und Koordinierung
der Finanzplanung des Gesamtstaates verwirklichen.

In einem System globaler Steuerung der Wirtschaft ist eine
Finanzplanung als *strategische* Planung unerläßlich, da der
Markt eine Fülle von Invariablen kennt, die von Staats wegen
kalkuliert werden müssen, wobei dennoch dem privaten Wirt-
schafter und den interstaatlichen Wirtschaftskörpern soviel an
Freiheit und Autonomie erhalten bleiben soll, daß nicht eine
total geplante Wirtschaft entsteht. Finanzplanung ist aus der
Sicht des Bürgers primär Signal- und Datensetzung, nicht imperative Planification, kann aber in concreto in intervenierende
Wirtschaftssteuerung umgesetzt werden[33]. Staatsrechtlich erweist
sich ihre Relevanz darum weniger im Bereich der Grundrechte

---

[29] Vgl. etwa *H. C. Rieger*, Begriff und Logik der Planung, 1967;
H. Reichow, Zur Theorie der Planung, in: Grundfragen der Planung, Die
öffentliche Wirtschaft, 1967, S. 7.
[30] Vgl. *C. A. Freiherr v. Malchus*, Hdb. der Finanzwissenschaft und
Finanzverwaltung, 2. Teil, 1830, S. 93 f.
[31] Finanzbericht 1969 der BReg., S. 127; vgl. auch *K. Seemann*, Neuere
Aspekte der Finanzpolitik unter bes. Berücksichtigung der Kostenwirksam-
keitsanalyse, Die Verwaltung 1968, S. 275 ff.; *H. Weichmann*, Finanzplanung
als neue staatliche Aufgabe, FinArch. 27 (1968), S. 220 ff.
[32] Vgl. Finanzbericht 1969, S. 90; ebda S. 98 ff. ist die Finanzplanung der
BReg. von 1968 bis 1972 abgedruckt. Grundsätzliche Bemerkungen bei
Stern-Münch, a. a. O. (Fußn. 1), S. 140 ff.
[33] Vgl. dazu *Wiebel*, Zur verwaltungsrechtlichen Bedeutung des Stabilitätsgesetzes, DVBl. 1968, 899.

als im organisatorischen Raum, und zwar namentlich in der rechtsstaatlich gebotenen Formtypik und im Spannungsfeld Regierung-Parlament, wenn ich die bundesstaatliche und selbstverwaltungsrechtliche Komponente einmal beiseite lasse.

Wer den Plan in die herkömmliche formelle Staatsfunktionengliederung von Norm und Verwaltungsakt eingliedern will, wird dessen Wesen und Zweck nicht gerecht. Der Plan ist ein mixtum compositum, eine Form sui generis. Bei den Plänen der Verwaltungsebene mag je nach dem Inhalt im Einzelfall aus Rechtsschutzgesichtspunkten eine Subsumtion nach der einen oder anderen Seite vorgenommen werden können[34]. Für die strategischen Planungen à la Finanzplanung steht indessen ihre Verortung in der Sozialstaatlichkeit nicht anders als etwa beim Maßnahmegesetz im Vordergrund, wobei letzteres freilich ebenso wie der Haushaltsplan sehr stark vom demokratischen Prinzip impulsiert ist. Insofern geht von den Plänen wieder einmal ein Aufruf zur Überdenkung des traditionellen Gewaltenteilungsschemas aus, die indessen nur de constitutione ferenda sinnvoll erscheint. De constitutione lata muß hingegen die Frage der Zuweisung der Plangewalt an die Legislative bzw. die Exekutive oder an beide zur gesamten Hand beantwortet werden. Für den Haushaltsplan ist sie zu Gunsten des Parlaments entschieden, wenngleich die Haushaltsrechtsreform die Kompetenzen der Exekutive ganz erheblich stärken wird. Für die Finanzplanung ist eine Lösung kraft Gesetzes zu Gunsten der Regierung getroffen. Ich halte diese Regelung des § 9 StabG zwar nicht für verfassungswidrig, da das deutsche Parlament im Gegensatz zum italienischen gemäß Art. 41 der italienischen Verfassung keine ausschließliche Planungsprärogative besitzt, aber angesichts der zunehmenden Bedeutung der Finanzplanung und der von ihr ausgehenden Determinierung des Haushaltsplanes für unbefriedigend. Das Parlament ist lediglich zur Entgegennahme des Planes berechtigt, nicht aber zu einer Mitgestaltung bei der Erstellung, durch die bereits die Prioritäten gesetzt werden. Unzweifelhaft wird in der Zukunft die Finanzplanung als staatsleitende Richtlinie die wirtschaftliche und gesellschaftliche Wirklichkeit weit stärker prägen als es die sie lediglich vollziehenden Gesetze vermögen, weswegen bereits die

---

[34] Vgl. dazu auch Hess. VGH, DÖV 1968, 737.

Frage nach dem Plan als Superlex aufgetaucht ist. Demgemäß liegt es in der Logik eines der Realität angepaßten Verständnisses von Demokratie und parlamentarischer Regierungsweise, daß auch gegenüber den neuartigen Rechtsakten sozialstaatlicher Effizienz eine parlamentarische Mitsprache bei der Programmierung — etwa in Form eines Finanzplanungsausschusses — institutionalisiert wird[35]; denn Finanzplanung ist keineswegs wie Konjunktursteuerung sachlogisch gouvernemental. Auch das Fehlen einer gerichtlichen Kontrolle und eines hinreichend sicheren Ausgleichsanspruchs bei mangelnder Plantreue[36] zwingt zu einem Plädoyer für eine möglichst frühzeitige parlamentarische Mitsprache. Sie von vornherein institutionalisiert zu wissen, mag ferner aus Gründen der Transparenz des Programmierungsprozesses geboten sein, da in der Praxis bislang ohnehin letzte wesentliche Entscheidungen in einem koalitionspolitisch motivierten gemischten parlamentarisch-gubernativen Gremium getroffen wurden, das gewöhnlich nur örtlich benannt wird.

β) Zur Konzertierten Aktion

Entsprechend der Staatspraxis seit 1966 und zumindest nach dem Willen des derzeitigen Bundeswirtschaftsministers gehört die sogenannte Konzertierte Aktion zu einem der wesentlichsten Faktoren der neuen Wirtschaftspolitik. § 3 des StabG greift sie ausdrücklich auf: „Im Falle der Gefährdung eines der Ziele des § 1 stellt die Bundesregierung Orientierungsdaten für ein gleichzeitiges aufeinander abgestimmtes Verhalten (konzertierte Aktion) der Gebietskörperschaften, Gewerkschaften und Unter-

---

[35] Vgl. hierzu *Leibfried / Quilisch*, Planung im Sozialstaat II, Atomzeitalter 1967, S. 610 ff., 615; *Haller*, Probleme der mittelfristigen Finanzplanung, in: Konjunkturpolitik 1968, S. 77; *Neumark*, Planung in der öffentlichen Finanzwirtschaft, VfSozPol. Bd. 45, S. 194; *Alex Möller*, Kommentar zum StabG, Rdnr. 17 zu § 9; und demnächst näher die Kölner Diss. meines Assistenten *Elmar Stachels*, Das StabG im System des Regierungshandelns. — Ich gehe also nicht so weit wie *Roman Herzog*, der in VVDStRL Heft 24, S. 205, einer Zustimmung des Parlaments in Analogie zu Art. 59 Abs. 2 GG das Wort geredet hat. Dezidiert gegen eine Einschaltung des Parlaments vor Verabschiedung des Planes *Hettlage*, Probleme einer mehrjährigen Finanzplanung, FinArch. 27 (1968), S. 241; zweifelnd *Friauf*, a. a. O. (Fußn. 23) zu Fußnote 121 ff.

[36] Vgl. dazu zuletzt *Redeker*, Staatliche Planung im Rechtsstaat, JZ 1968, 537 ff.; *Menger-Erichsen*, VerwArch. 1968, S. 381 ff.; *J. Burmeister*, Zur Staatshaftung für Planschäden der Wirtschaft, Die Verwaltung 1969, Heft 1.

nehmensverbände zur Erreichung der Ziele des § 1 zur Verfügung." Mit diesem Institut wird eine bei weitem stärkere Heran-
führung der Gruppen und Verbände an den Staat als beispiels-
weise in der obligatorischen Anhörung der Beamtenverbände bei
Gesetzgebungsakten auf dem Gebiet des Beamtenrechts oder der
fakultativen Beteiligung der Fachverbände bei der Erstellung
von Gesetzesentwürfen bezweckt. Man wird nicht fehlgehen, in
ihm trotz der Beteiligung auch der Gebietskörperschaften den
Versuch einer neuartigen Gestaltung der Integration der wirt-
schaftlich bedeutendsten Verbände in den Staat zu erblicken,
gleichsam eine modifizierte Repristination des Wirtschaftsrats
Weimarer Prägung und ausländischer vergleichbarer Gremien[37].
Insgesamt bedeutet die konzertierte Aktion ein spezifisches Ver-
ständnis der Wirtschaftspolitik und aller von ihr beeinflußten
Sphären, vor allem aber vom Staat und der Verbände.
Namentlich *Karl Schiller* hat dies deutlich gemacht, wenn er
sagt: „Die Konzertierte Aktion selbst hat unsere gesellschafts-
politische Landschaft verändert und wird sie weiter verändern.
Diese Aktion bejaht die Existenz der organisierten Gruppen in
unserer freiheitlichen Gesellschaft. Ja, genau besehen haben wir
mit der Konzertierten Aktion eine flexible Methode gefunden,
um den autonomen Gruppen in der Gesellschaft eine Mitwirkung an der Vorformung der Wirtschaftspolitik zu ermög-
lichen"[38]. Für den Juristen verbergen sich hinter solchen Auffas-
sungen höchst bedeutsame Fragestellungen. Mit *Carl Schmitt*
können sie einmal mit der Formel vom „Zugang zum Machthaber" eingefangen werden und übergreifend mit der Frage
nach dem Ausmaß der noch vorhandenen (inneren) *Souveränität des Staates bei wirtschaftspolitischen Entscheidungen*, d. h.
nach seiner Potenz zur Ausübung der decision-making-power.

αα) Es unterliegt keinem Zweifel, daß in der parteienstaat-
lichen und pluralistischen Demokratie von heute das Problem
des Zugangs des einzelnen zum Machthaber bedeutungslos ge-

---

[37] Vgl. die Aufzählung bei *Klingmüller*, Die Lebensversicherung und die
öffentliche Meinung, in: Jahre der Wende, Festschrift für A. Möller, S. 230 f.,
Anm. 13.
[38] Konjunkturpolitik auf dem Wege zu einer affluent society, in: Festschrift für A. Möller, S. 71; s. auch *Ritter*, BB 1968, 1394 und *Otto Schlecht*,
a. a. O. (Fußn. 25).

worden ist — von einigen auserwählten Politologen abgesehen. Dominant ist überall nur noch die Gruppe oder ihre Repräsentanz. Damit stellt sich aber sofort die Frage, welche unter den vielen Gruppen hat das Recht zur Teilnahme an diesem höchst bedeutsamen Instrument der Wirtschaftspolitik und dem darin gründenden Privilegium zur Entscheidungsbeeinflussung. *Biedenkopf* hat darauf in mehreren Zeitungsartikeln und in einem Aufsatz im BB 1968, S. 1007 ff. unsere besondere Aufmerksamkeit gelenkt.

Das StabG hat die konzertierte Aktion institutionalisiert, und zwar fakultativ als jeder Zeit nach dem Willen der Bundesregierung herbeiführbar, obligatorisch im Falle einer Gefährdung des gesamtwirtschaftlichen Gleichgewichts. Verfassungsrechtliche Bedenken bestehen, da sie durch Art. 109 GG nicht ausdrücklich abgesichert, nur dann, wenn einerseits „die selbständige politische Entscheidungsgewalt der Regierung"[39] bzw. ihre alleinige Verantwortlichkeit gegenüber dem Parlament beeinträchtigt oder andererseits die verfassungsmäßig garantierte Entscheidungsfreiheit der Gebietskörperschaften (Art. 28 GG) bzw. der Sozialpartner (Art. 9 Abs. 3 GG) tangiert wäre. Beides möchte ich entgegen *Biedenkopf* nach Wortlaut und Vorstellungsbild des Gesetzgebers von der konzertierten Aktion verneinen. § 3 StabG will durch die Zurverfügungstellung von Orientierungsdaten die Gruppen für ein mit dem Staat gleichgestimmtes Verhalten gewinnen, und zwar mit den Mitteln der Rationalität und der Überzeugungskraft, nicht mit denen des Befehls. Das ist Ausdruck einer neuartigen Technik des Regierens. Im Sinne meines Katalogs einer rechtswesentlichen Gliederung der Maßnahmen der Wirtschaftspolitik gehört dieses Steuerungsinstrument deshalb nur zu den informativen[40] oder allenfalls influenzierenden[41]. Kein Beteiligter ist rechtlich gebunden, noch können irgendwelche Verpflichtungen oder Berechtigungen beider Seiten aus einer Zustimmung oder Ablehnung erwachsen. Wäre es anders, dann blieben alle Bedenken *Biedenkopfs*

---

[39] So BVerfGE 9, 281.

[40] So auch *Goerdel-Schöpf*, Antwort auf *Biedenkopf*, in: Der Volkswirt 1968, S. 23.

[41] Vgl. DJT-Gutachten, S. E 28; im Ergebnis zustimmend *Wiebel*, DVBl. 1968, 900; nicht unbedenklich *Ritter*, BB 1968, 1394.

voll und ganz berechtigt; die Verfassungswidrigkeit des Instruments läge auf der Hand. Darum ist es ausgeschlossen, dem Sachverständigenrat zu folgen, wenn er auf Grund eines „multilateralen Interessen-Clearings" ein wirtschaftspolitisches Leitbild in einem „Rahmenpakt" — also offenbar vertraglich — verbindlich abgesichert wissen will[42]. *Rousseaus* „contrat social" redivivus? — so ließe sich fragen.

ββ) Sehr viel schwieriger ist die Frage der Auswahl der Beteiligten und eines etwaigen Rechtsschutzes des Nichtbeteiligten zu entscheiden. Mit der Annahme, daß die Regierung im Rahmen der konzertierten Aktion auch materiell Regierungstätigkeit ausübt, kann allein der Rechtsweg noch nicht verneint werden, solange § 40 Abs. 1 VwGO für alle öffentlich-rechtlichen Streitigkeiten nicht verfassungsrechtlicher Art Gerichtsschutz gewährt[43]. Das Gesetz grenzt die Auswahlkompetenz der Regierung bei der obligatorischen konzertierten Aktion dadurch ein, daß es „Gewerkschaften" und „Unternehmensverbände" als Teilnehmer aufzählt. Dem Bundeswirtschaftsministerium ist zuzustimmen, daß damit nur solche Gruppen gemeint sein können, „die mit Rücksicht auf ihre Größe und Bedeutung eine optimale Mitwirkung bei der konzertierten Aktion erwarten lassen, nämlich einerseits die hier gewonnenen Einsichten einem möglichst großen Kreis von Unternehmen nahezubringen und andererseits der Bundesregierung die Auffassung der gewerblichen Wirtschaft möglichst repräsentativ zu vermitteln"[44]. Die Interpretation des Gesetzes hat damit gewiß einen staatspolitischen background, aber doch nicht so weitgehend, wie etwa Inhalt und Auswahl der Orientierungsdaten selbst, daß sie nicht der Deutung anderer unbestimmter Rechtsbegriffe des Verwaltungsrechts vergleichbar wäre, d. h. nicht nach Maßstäben des Rechts getroffen werden könnte, sondern nur der politischen Dezision unterläge[45]. Der Bundesregierung steht aber sicher ein weiter Beurteilungsspielraum bei der Auswahl zu, der nur nach den vor allem von dem hier amtierenden Gericht ent-

---

[42] Vgl. näher DJT-Gutachten, S. E 28 u. 37; s. jetzt wieder Tz. 183 des JG 1968/69.

[43] Vgl. OVG Münster DVBl. 1967, 52; Hess. VGH DÖV 1968, 574; unvertretbar insoweit *Goerdel-Schöpf*, a. a. O. (Fußn. 40), S. 24.

[44] *Goerdel-Schöpf*, a. a. O.

[45] Vgl. BVerwGE 15, 63 (66).

wickelten Grundsätzen gerichtlich überprüfbar ist[46]. Eine solch „unvertretbare" Ausschließung wird höchst selten sein, da in einem solchen Falle die Regierung die Wirksamkeit ihres eigenen Instruments in Gefahr bringt; aber undenkbar ist sie nicht. Nicht zuletzt hat ja auch das Bundesverfassungsgericht das procedere im Kontaktieren von Bund zu Land seinem justiziellem Votum unterstellt[47].

γγ) „Das Kernproblem der konzertierten Aktion ist die in ihr angelegte Vergesellschaftung staatlichen Handelns", meint *Biedenkopf* und weist damit auf die soeben angedeutete Gefährdung der inneren Souveränität des Staates hin. Dieses Problem ist keineswegs ein solches allein der Wirtschaftspolitik. Entscheidungsbildung und Entscheidungsfällung werden immer schwieriger und seltener. Bestehende Positionen werden nirgendwo ohne Kampf und ohne Konflikt genommen werden können. Auctoritas ist dem heutigen Staat nur selten eigen; Kompromisse und Entscheidungsverlagerungen beherrschen das Terrain. In solcher Logik der Dinge liegt es begründet, wenn mit der konzertierten Aktion der Zweck verbunden wird, die „Konfliktfelder" einzugrenzen, ein „grundsätzlich negatives Verhältnis" zu den „organisierten Gruppen" zu vermeiden[48], die Auseinandersetzungen zu entspannen, die Eingriffe zu mildern und damit geradezu marktgerecht zu steuern[49]. Der Aufschwung der Jahre 1967/68 könnte Zweifel an der Problematik der

---

[46] BVerwGE 26, 74 mit weit. Hinw.; allg. zur Gerichtskontrolle im StabG *Stern-Münch*, a. a. O. (Fußn. 1), S. 56 ff.; *Wiebel*, DVBl. 1968, 904. — *Goerdel-Schöpf*, a. a. O. (Fußn. 40) verkennen das Problem, wenn sie a) auf die Unverbindlichkeit der konzertierten Aktion abstellen, b) eine Beeinträchtigung der Rechtsposition eines Verbands bei Nichtbeteiligung verneinen, c) die parlamentarische Kontrolle als ausreichenden Mißbrauchsfilter ansehen. Die konzertierte Aktion besteht in einem Informationsaustausch, in Koordination und Kooperation; gerade der nicht zugelassene Verband hätte doch die überzeugenden Argumente vortragen können und der Gesetzgeber hat zumindest durch die Umschreibung Gewerkschaft und Unternehmensverband diesen Gruppen ein Recht darauf eingeräumt, daß sie nicht mißbräuchlich, d. h. unter Verletzung des mit der konzertierten Aktion verbundenen Gesetzeszweckes ausgeschlossen werden dürfen. Die parlamentarische Kontrolle als solche verhilft dem zu Unrecht Ausgeschlossenen nicht zu seinem Recht.
[47] BVerfGE 12, 205 ff. (255 ff.).
[48] *Schiller*, a. a. O. (Fußn. 19), S. 71.
[49] So ein Vertreter des DGB, zitiert bei *Schlecht*, a. a. O. (Fußn. 25), S. 9 f.; vgl. auch *H. J. Arndt*, PVS 1968, S. 185, der dem Staat nur noch die Rolle des „strategischen Mitspielers" zuweist.

konzertierten Aktion schlankweg zum Verstummen bringen. Freilich die letzte Sitzung der konzertierten Aktion im Jahre 1968 hat Pressemeldungen zu Folge trotz siebenstündiger Dauer ohne Akkord geendet[50]. Es erscheint angebracht, mit aller Deutlichkeit zu betonen, daß im Vorhof der Macht zwar jede Konsultation, jede Information, jede Kooperation genutzt werden sollte, daß aber interessenbedingte Mitbestimmung im Zentrum der wirtschaftspolitisch verantwortlichen Staatsorgane von Übel ist. Eine Aufgabe des staatlichen Führungsauftrags würde diesen Staat ebenso zersetzen wie der Partikularismus der Territorialstaaten das Alte Reich einem „monstrum" ähnlich werden ließ, wie es *Samuel Pufendorf* formuliert hat[51]. Es wäre verhängnisvoll, wenn dieses nach hohen Idealen verfaßte und mit großem Elan erbaute Staatsgebilde in jenen Verfassungszustand verfiele, den ehedem *Hegel* in seiner Schrift über „Die Verfassung des Deutschen Reichs" mit den treffenden Worten charakterisierte: „Denn nicht das, was ist, macht uns ungestüm und leidend, sondern daß es nicht ist, wie es sein soll"[52]. Soll das große Problem des „Nehmen, Teilen, Weiden"[53] im Sinne einer Gesellschafts- und Wirtschaftsordnung entschieden werden, die den sozialen Rechtsstaat des GG ernst nimmt, dann vermag ein neuer Nomos weder von einem einzelnen noch von einer Gruppe, sondern nur von einer neutralen Instanz, eben dem Staat, gesetzt und gewährleistet zu werden — zuvörderst um unserer individuellen Freiheit willen. Oder wir müßten *Ernst Forsthoff* Recht geben, der auch mit Bezug auf die „institutionalisierte Kooperation" des StabG gefragt hat, in welchem Sinne die BRD noch Staat sei und vermerkte, daß wir in der Entwicklung zu einer „noch nicht benennbaren neuen Form der poli-

---

[50] Deutsche Sparkassen-Zeitung vom 24. 12. 1968; auch *Schlecht* sieht für die konzertierte Aktion härtere Bewährungsproben voraus (a. a. O., S. 32). Sehr kritisch *Röper*, Zur Frage nach den Trägern der Wirtschaftspolitik, ZgesStW 1968, S. 759 f.: „Der geringe Erfolg der ‚konzertierten Aktion' liegt unseres Erachtens auch in einem mangelnden Durchdenken der Machtverhältnisse und der Zuständigkeiten der einzelnen höchst verschieden gearteten Träger der Wirtschaftspolitik."
[51] Vgl. *H. Conrad*, Deutsche Rechtsgeschichte, Bd. II, S. 116.
[52] Aus dem Nachlaß neu herausgegeben von *Georg Mollat*, Stuttgart 1935, S. 4.
[53] Vgl. den unter diesem Titel veröffentlichten Aufsatz *C. Schmitts* in: Verfassungsrechtliche Aufsätze, S. 489 ff.; vgl. auch *H. Krüger*, Allgemeine Staatslehre, S. 582.

tischen und sozialen Einheit" stünden[54]. Wen nimmt es heute
noch wunder, wenn der Staat lediglich als ein von der Gesellschaft genutztes Mittel der „Selbstdomestikation" gekennzeich-
net wird, gerade seitens jener politischen Wissenschaft, die nach
dem Urteil eines auch hochschulpolitisch engagierten jüngeren
Vertreters sich noch immer auf der Suche nach ihrem genuinen
Gegenstand wie ihrer spezifischen Methoden befindet, jedoch
dessen ungeachtet sich nicht scheut, politische Zensuren an jeden
und alles jeder Zeit zu erteilen[55].

γ) Zum Sachverständigenrat zur Begutachtung
   der gesamtwirtschaftlichen Entwicklung

Die Bedenken *Biedenkopfs* gegen die konzertierte Aktion
sind im Kern bereits vorweggenommen worden gegenüber einer
Institution, die durch Gesetz vom 14. 8. 1963 geschaffen wurde:
den Sachverständigenrat zur Begutachtung der gesamtwirtschaftlichen Entwicklung. *Ernst-Wolfgang Böckenförde* in seiner
1964 veröffentlichten Habilitationsschrift und *Christian Heinze*
1967 haben die These aufgestellt, daß bei diesem Rat „verfassungsrechtlich" der Punkt erreicht sei, „an dem die fachkundige
Beratung der politischen Instanzen ... in eine unverantwortliche
Nebenregierung umschlägt, die der demokratischen Legitimation
entbehrt"[56], daß mit ihm faktisch ein Organ geschaffen sei, das
keinen der im GG vorgesehenen verantwortlichen Verfassungsorgane zugeordnet und deshalb den verfassungsrechtlichen
„numerus clausus der Verfassungsorgane" sprenge[57]. Diese
sorgfältig begründeten Einwände besitzen Gewicht; es fällt auf,
daß sie, soweit mir bekannt, nirgendwo widerlegt worden sind,

---

[54] Von der Staatsrechtswissenschaft zur Rechtsstaatswissenschaft, Studium
Generale 1968, S. 697 f. Vgl. auch *Joseph H. Kaiser*, Europäisches Groß-
raumdenken, in: *Epirrhosis*, Festgabe für Carl Schmitt, 1968, S. 536 über
die — aus anderen Gründen — „im Abstieg begriffene Kategorie" Staat.
[55] Vgl. dazu die Nachweise und die scharfe Kritik bei *R. Schaeder*, Jb. für
Soz. Wiss. 1968, S. 290 f.
[56] Die Organisationsgewalt im Bereich der Regierung, S. 257. Diese Kritik
wird jetzt auch von wirtschaftswissenschaftlicher Seite aufgegriffen und
geteilt, vgl. *Schaeder*, a. a. O. (Fußn. 11), S. 107 und a. a. O. (Fußn. 55),
S. 303 Anm. 82.
[57] Der Staat 1967, S. 436 f. — Das Problem als solches ist bereits auf-
gezeigt bei *Carl Schmitt*, Das Problem der innerpolitischen Neutralität des
Staates (1930), in: Verfassungsrechtliche Aufsätze, S. 41 ff. S. auch neuerdings
H. H. Rupp, Verfassungsrecht und Kartelle, in: Wettbewerb als Aufgabe.
Nach zehn Jahren Gesetz gegen Wettbewerbsbeschränkungen, S. 195.

insbesondere haben weder die Bundesregierung noch der Sachverständigenrat selbst zu ihnen Stellung genommen. Im letzten
Jahresgutachten ist lediglich im Vorwort die Bemerkung zu finden: „Über die rechtliche Stellung des Sachverständigenrates
herrscht in der Öffentlichkeit nach wie vor Unklarheit. Er ist —
entgegen einer weitverbreiteten Vorstellung — kein Beratergremium der Bundesregierung"[58]. Die Euphorie, in dieser Institution gleichsam den Stein der Weisen für die Wirtschaftspolitik gefunden zu haben, und die breite Zustimmung, die die
ersten Jahresgutachten erfahren haben[59], ist inzwischen einer
nüchterneren Betrachtungsweise gewichen. Krisen um ihn selbst
— etwa durch den Austritt *Wolfgang Stützels* — Fehlbeurteilungen — etwa im Jahresgutachten 1966, das unter dem Titel
„Expansion und Stabilität" stand —, und die angebliche oder
wirkliche Verzögerung der Publikation des Jahresgutachtens
1968/69 durch die Bundesregierung zwingen, die Frage nach
seinem verfassungsrechtlichen Standort und seiner Legitimität
trotz des gesetzlichen, aber faktisch nicht verwirklichungsfähigen
Empfehlungsverbots nicht mehr im Dunkeln zu lassen. Sie hier
auszubreiten, ist mir aus zeitlichen Gründen zwar nicht möglich,
was mich aber nicht hindert, Ihr besonderes Augenmerk auf
einen anderen Umstand zu lenken: Wir stehen bei diesem Rat,
ähnlich wie bei dem 1957 durch Verwaltungsabkommen gebildeten Wissenschaftsrat bzw. dem später geschaffenen Bildungsrat wiederum vor dem Phänomen der Flucht aus der Verantwortlichkeit und der Entscheidung seitens der demokratisch
legitimierten, zum Handeln berufenen Verfassungsorgane, die
am liebsten ein Patentrezept erwarten, das alle denkbaren
Widerstände ausräumt und ohne Kampf verwirklicht werden
kann. Dadurch wird aber das Feld der notwendigen, allein
Alternativen hervorbringenden politischen Auseinandersetzung
nur verlagert, und es kann nicht ausbleiben, daß Regierung und
Opposition sich gegenseitig vorrechnen, wieviele professorale
Sachverständige jeweils in ihren Diensten stehen. Zwei neuralgische Punkte werden damit ans Licht gerückt: Wird einem
Sachverständigenrat weitgehend — mindestens in der öffent-

---

[58] S. VI sub 6.
[59] Vgl. etwa *J. H. Kaiser*, Der Plan als ein Institut des Rechtsstaates und
der Marktwirtschaft, in: Planung II, S. 16: „Die Sachverständigen sind ...
zu einer Art ‚tribuni plebis' unserer Demokratie geworden".

lichen Meinung — eine Art von wirtschaftspolitischer Ent-
scheidungszuständigkeit zugeschoben — nach § 6 Abs. 1 Satz 4
Sachverständigenrats-Gesetz hat die Bundesregierung dem Parlament gegenüber darzulegen, welche „wirtschaftspolitischen
Schlußfolgerungen" sie aus den Gutachten zieht —, so stellt sich
für die der Entscheidung Unterworfenen — und das sind auf
den gesamten Sektoren mehr oder weniger wir alle —, die
Frage nach Legitimation, Verantwortlichkeit, Autorität und
Kontrolle dieses Gremiums. Sie können nicht in der Berufung
der Mitglieder durch den Bundespräsidenten gesehen werden,
letztlich wohl nur im Sachverstand und in der Unabhängigkeit
der Erwählten liegen. Diese Kriterien sind zwar für Beratung
und Unterrichtung der Regierenden in der Welt von heute unerläßlich und auch insoweit hinreichende Legitimationsgrundlage,
aber keine ausreichende demokratische Basis für eine Entschei-
dungskompetenz. Sie ist unverzichtbar und unabtretbar den unmittelbar oder mittelbar plebiszitär gewählten Staatsorganen
zugewiesen. Bei der Wichtigkeit der zur Beurteilung und Be-
wertung stehenden Angelegenheiten kann eine macht- bzw.
parteipolitisch apokryph motivierte Auswahl nach menschlichem
Ermessen gar nicht ausbleiben. Der bloße Sachverstand muß
indessen an Gewicht verlieren, wenn man zu fragen gezwungen
wird, *wessen* Sache er vertritt. Der Expertenstaat ist gewiß
keine Alternative, zumal er die verfassungsmäßigen Institutionen des Staates in Wirklichkeit nicht neutralisiert, sondern
schwächt, indem er sie entstaatlicht, was nichts anderes heißt als:
entmachtet.

3. Das *Absicherungsgesetz*, gemeinhin unter dem Stichwort
Ersatzaufwertung bekannt, bringt eine bis zum 31. 3. 1970 be-
fristete umsatzsteuerliche Neuregelung in Form einerseits einer
Einfuhrumsatzsteuervergütung von teils 2 teils 4 Prozent und
andererseits einer Sonderumsatzsteuerbelastung in der gleichen
Höhe für die Ausfuhr. Erste Berechnungen haben ergeben, daß
damit der Aktivsaldo der deutschen Handelsbilanz auf ein Jahr
gerechnet um etwa 5 Milliarden DM gemindert wird, nachdem
er in den ersten 11 Monaten des vergangenen Jahres 15,7 Milliarden, davon allein 2 Milliarden im November 1968, betrug[60].
Nimmt man dazu noch die Restriktionsmaßnahmen der Han-

---

[60] Deutsche Sparkassen-Zeitung vom 24. 12. 1968.

delspartner Frankreich und Großbritannien, so dürfte die Folge
zumindest eine Entschärfung der deutschen Zahlungsbilanzpro-
blematik sein. Selbst wenn man mit dem Sachverständigenrat
und anderen Fachleuten (einschließlich des Bundesbankpräsiden-
ten)[61] einer „echten" Aufwertung als der reelleren Lösung das
Wort reden möchte, so dürfen dennoch die ohne Zweifel beste-
henden Vorteile des tatsächlichen eingeschlagenen Weges nicht
unterschätzt werden, wenngleich die Krise des internationalen
Währungssystem sicherlich noch nicht beseitigt ist[62]. Sie liegen,
besonders mit Rücksicht auf den noch nicht übersehbaren wirtschaftspolitischen Kurs der neuen amerikanischen Regierung,
in der fehlenden Definitivität und der möglichen Reversibilität
und Variierbarkeit der Regelungen durch Rechtsverordnung
(vgl. § 9 Absicherungsgesetz).

Eine staatsrechtliche Analyse wird die Aufmerksamkeit auf
folgendes lenken:

a) Das Absicherungsgesetz ist seinem Wortlaut nach „gemäß
§ 4 StabG" ergangen. Diese Formel ist ungewöhnlich; denn Gesetze ergehen auf der Grundlage der Verfassung. Ein Gesetzge-
bungstitel ist dementsprechend auch für das Absicherungsgesetz
im GG zu suchen und in der Umsatzsteuerkompetenz des
Art. 105 Abs. 2 Nr. 1 zu finden. Die ausdrückliche Berufung
auf § 4 StabG will vielmehr sagen, daß dessen Tatbestand einer
außenwirtschaftlichen Störung des gesamtwirtschaftlichen
Gleichgewichts gegeben war und Regierung und Parlament der
in dieser Norm enthaltenen Rechtspflicht zum Handeln gefolgt
sind. Das StabG ist damit nicht in den Rang eines Übergesetzes
erhoben, aber es ist eine Selbstverpflichtungsgrundlage auch des
Parlaments, von der es im Sinne eines Verbots des venire contra
factum proprium auch bei tagespolitischer Gelegenheit nicht
mehr abrücken kann. Seine wirtschaftswissenschaftliche Kennzeichnung als „Grundgesetz moderner (wirtschaftspolitischer)
Prozeßpolitik"[63] trifft daher den Kern der Sache, wenn wir einmal davon absehen, daß wir unsere Verfassung noch immer
wegen ihres transitorischen Charakters ebenfalls Grundgesetz

---

[61] Vgl. Tz. 192 ff. und bes. „Strategie III" und „Strategie IV" Tz. 247 ff.
und 268 ff.; Deutsche Sparkassen-Zeitung vom 20. 12. 1968.
[62] Vgl. O. *Emminger*, Wie kann die nächste Krise verhindert werden? in:
Presseauszüge der Deutschen Bundesbank Nr. 86 vom 16. 12. 1968, S. 2 ff.
[63] *Schiller*, Festgabe für Möller, S. 66.

nennen. Es wird infolgedessen nicht ausbleiben, daß sich die Staatsrechtswissenschaft der Frage widmen muß, ob auch im Rahmen der formellen Gesetze ranghöhere und rangniedere Normen in Zukunft unterschieden werden müssen, was bekanntlich für das Verfassungsgesetz schon anerkannt ist. Plan und „Grundgesetze" bringen unvermeidlich das Gesetz als eherne Struktur des rechtswissenschaftlichen Gebäudes ins Wanken.

b) Von allen Ermächtigungen des StabG ist die zur außenwirtschaftlichen Absicherung am wenigsten dezidiert und zugleich am unvollkommensten; denn die genannten Aktionsblankette, wie „binnenwirtschaftliche Maßnahmen", „internationale Koordination", „außenwirtschaftspolitische Maßnahmen" sind gegenüber den sonstigen Vollmachten des Gesetzes reichlich unverbindlich — zwangsläufig, solange die nationalen Volkswirtschaften zwar interdependent, aber im Krisenfall weitgehend auf ihre Autonomie pochen. Im Hinblick auf unser Streben nach ökonomischem Gleichgewicht muß daraus gefolgert werden, daß die offene Flanke des gesamtwirtschaftlichen Gleichgewichts sein wird: die Außenwirtschaft und die von anderen Ländern ausgehenden Störungen, in der Regel in der Form der importierten Inflation oder Deflation. Dieses Krisen-Einfallstor wird umso größer, je mehr die Volkswirtschaften kooperieren und sich integrieren. Damit wird § 1 StabG in der Zukunft der wirtschaftspolitisch neuralgische Punkt, wenn Sie so wollen, der *Instabilitätsfaktor des Stabilitätsgesetzes*, zumal sein Instrumentarium offenbar nicht ohne den Gesetzgeber in Gang gebracht werden kann und dieser für eine brisante und aktuelle konjunkturpolitische Entscheidung nur auf dem Umweg eines parlamentarischen Initiativantrages rasch reaktionsfähig ist. Mag insoweit auch eine Abhilfe möglich sein, so scheint mir der grundsätzliche Defekt nur durch einen völkerrechtlichen Akt beseitigt werden zu können, der seinen ersten Schritt in einer Reform des Abkommens von Bretton-Woods über den Internationalen Währungsfonds haben könnte.

c) Im Sinne des Grundtenors des StabG, Krisen zu verhüten, wird man den Begriff „Störung" in § 4 dahingehend zu verstehen haben, daß die Eingriffsschwelle — „Abwehr" im Sinne des Gesetzes — bereits dann erreicht ist, wenn sich die Gefahr einer Beeinträchtigung des gesamtwirtschaftlichen Gleichgewichts verdichtet, d. h. nach Art und Umfang konkret abgezeichnet hat[64]. Dieser Zustand war im November 1968 unzweideutig gegeben. Ebenso bemühte sich die Bundesregierung auf verschiedenen Konferenzen der Jahre 1967 und 1968, zuletzt in den Bonner Verhandlungen vom 20. 11., um eine internationale Koordination[65]. In der Wahl der zur Störungsbeseitigung vorgesehenen Mittel ist durch § 4 kaum eine Beschränkung gegeben. Namentlich hat der Gesetzgeber die Anträge der SPD-Fraktion vom 5. 10. 1966,[66] die eine Aufgliederung der „zur Verfügung stehenden wirtschaftspolitischen Mittel" in „Möglichkeiten der Außenhandelspolitik, der Steuerpolitik und der Wechselkurspolitik" vorsahen und auf die konjunktursteuernde Anpassung der Steuersätze für die Umsatzausgleichssteuer, für die Ausfuhrhändler- und Ausfuhrvergütung gerichtet waren, nicht verwirklicht.

d) Der kritische Punkt des Absicherungs-Gesetzes, das einen typischen Fall eines Maßnahmegesetzes im Sinne einer Aktion zu bestimmter Zweckverwirklichung darstellt, liegt in der Frage, ob es sich noch „im Rahmen der marktwirtschaftlichen Ordnung" (§ 1 Satz 2 StabG) hält, d. h. marktwirtschaftskonform reguliert. Man wird in dieser gesetzlichen Formel einen Verweis auf das Gebot zur makroökonomischen Globalsteuerung zu erblicken haben, die den Vorzug gegenüber dem mikroökonomischen Dirigismus verdient. Die Abgrenzung zwischen Marktkonformität und Marktinkonformität erscheint freilich insbesondere deshalb problematisch, weil „auch solche Maßnahmen den Anpassungsprozeß auf vielen Einzelmärkten zu stören vermögen, die zwar nicht in den direkten Entscheidungsspielraum des Unternehmens oder des privaten Haushalts eindringen, die aber seinen Erwartungshorizont und damit auf einem Umweg doch die Funktionsbedingungen verändern"[67]. Mit dem Absicherungsgesetz ist die marktinkonforme Steuerungsform einer

---

[64] Insofern muß ich meine Ausführungen in *Stern-Münch*, a. a. O. (Fußn. 1) Anm. V 2 zu Art. 109 korrigieren; s. auch *Möller*, a. a. O. (Fußn. 35) Rdnr. 18 zu Art. 109.

[65] Vgl. den Brief des Bundeswirtschaftsministers an den Sachverständigenrat (Jahresgutachten 1968/69, S. 98).

[66] Anl. zum Protokoll der 28. Sitzung des Wirtschaftsausschusses des BTags vom 5. Okt. 1966.

[67] *K. H. Hansmeyer*, Stabilitätsgesetz und Marktwirtschaft, in: Die Aussprache, 1968, S. 90; *Schaeder*, a. a. O. (Fußn. 11), S. 103 Anm. 35.

direkten Intervention sicherlich in greifbare Nähe gerückt. Dennoch handelt es sich wohl noch um ein nicht unmittelbar intervenierendes Exportverbot, sondern lediglich um eine die Exporte durch erhöhte Belastung diskriminierende Regelung, die lediglich global über Entzug oder Zuführung von Kaufkraft entscheidet.

Zweifellos interventionistisch sind dagegen die flankierenden Maßnahmen der Bundesregierung in Gestalt der 14. Verordnung zur Änderung der Außenwirtschaftsverordnung, die indessen nicht auf dem StabG beruht, sondern auf dem Außenwirtschaftsgesetz, dessen Problematik ich hier ausklammern muß[68]. An dieser „negativen Devisenbewirtschaftung" setzt daher auch in erster Linie die Kritik der Sachverständigen und Interessenten an dem beschrittenen Weg außenwirtschaftlicher Absicherung an, wobei der Schritt zur Zwangswirtschaft zu Recht am meisten zu bedauern ist.

e) Mit dem Absicherungsgesetz wurde wieder einmal das Mittel der Steuer in den Dienst der Wirtschaftspolitik gestellt und damit deren Praktikabilität auch im System der Globalsteuerung unterstrichen. *Karl Heinrich Friauf* hat anläßlich einer verfassungsrechtlichen Betrachtung des sogenannten *Leber*-Plans, besonders seiner steuerlichen Relevanz, darauf hingewiesen, daß „die Werkzeuge der Globalsteuerung, die auf den unmittelbaren Einzeleingriff gegenüber dem Bürger verzichten und stattdessen mittelbar auf ihn einwirken, für den Staat eine stete Versuchung, den Grundrechtsschutz zu unterlaufen, bedeuten"[69]. Demgegenüber beharrt das Bundesverfassungsgericht, auch in jüngeren Urteilen, auf der nur durch Formenmißbrauch und Erdrosselungswirkung eingeschränkten wirtschaftspolitischen Zweckdienlichkeit des Steuergesetzes[70]. Es hat zuletzt betont, daß sich der Gesetzgeber bei der Erschließung von Steuerquellen „von finanzpolitischen, volkswirtschaftlichen, sozialpolitischen und steuertechnischen Erwägungen leiten lassen kann".

---

[68] Vgl. dazu *Eugen Langen*, Kommentar zum Außenwirtschaftsgesetz, Rdnr. 2 zu § 23 AWG; *Sieg-Fahning-Kölling*, Kommentar zum Außenwirtschaftsgesetz, Anm. II zu § 23.

[69] BB 1967, S. 1367.

[70] Vgl. BVerfGE 16, 161; 19, 125 (mit weit. Hinw.); 21, 63; kritisch *Friauf*, a. a. O. (Fußn. 23) zu Fußnote 37 und 78.

Trotz der im Instrument der Taxation liegenden „Problematik öffentlich-rechtlicher Machtpotenzierung durch Funktionenkombination"[71] dürften verfassungsrechtliche Einwände gegen die Besteuerung durch das Absicherungsgesetz nach dem *jetzigen Stand der Rechtsprechung* des Bundesverfassungsgerichts nicht durchschlagen, auch nicht aus dem Gesichtspunkt des Vertrauensschutzes oder des Rückwirkungsverbots, zumal § 9 Abs. 3 im Verfolg von BVerfGE 16, 147, dem Urteil zur Sonderbesteuerung des Werkfernverkehrs, eine Billigkeitsregelung nach dem Vorbild des § 131 AO enthält.

III.

Ich komme zum Schluß dieser zwangsläufig sehr gerafften Betrachtungen. — In meinem Kommentar zum StabG hatte ich die Frage nach dem Zusammenhang zwischen Staatsrechtswissenschaft und gegenwärtigem Staat gestellt; ohne Zweifel ist hierbei eine Unterbilanz in dem Sinne festzustellen, daß der Staat sich zur Lösung seiner Probleme nicht mehr dieser Wissenschaft verbunden fühlt wie andererseits manche gewichtigen Bereiche der gegenwärtigen Staatswirklichkeit von der Staatsrechtslehre kaum oder zu spät aufgegriffen wurden. *Ernst Forsthoff* hat daraus jüngst sehr pessimistische Folgerungen gezogen[72]. Auch meine Ausführungen haben an der gegenwärtigen Staatspraxis und mancher ihrer institutionellen Ausformungen Kritik angemeldet; doch meine ich, daß in der Diagnose der Defekte bereits der erste Weg zur Bereinigung und Heilung

---

[71] So der Titel eines Aufsatzes von *H. H. Rupp* in NJW 1968, 569; s. auch *Leisner,* Regierung als Macht kombinierten Ermessens, JZ 1968, 727 ff.

[72] Stud. Gen. 1968, S. 692 ff.; ich zitiere daraus: „Eine Wissenschaft, welche die soziale Wirklichkeit zum Gegenstand hat wie die Rechtswissenschaft, ist Herr dieses Gegenstandes nur dann und insoweit, als sie sich dieses Gegenstandes im konkreten Begriff, der die Wirklichkeit trifft, bemächtigt hat. Ohne solche Bemächtigung im konkreten Begriff sieht sie sich ihrem Gegenstand wehrlos ausgeliefert" (a. a. O., S. 700). — „Der Staat ist heute mit der Wirtschaft eng verflochten, so daß es zweifelhaft erscheinen mag, ob er überhaupt noch in der Lage ist, eine effektive Kontrolle über die gesellschaftlichen Machtverhältnisse auszuüben, zumal gewisse gesellschaftliche Positionen bereits einen verfassungsmäßig privilegierten Status erlangt haben ..." (a. a. O., S. 704).

liegt. Deren Hauptproblem wird in der Versöhnung der neu zu begründenden Autorität des Staates mit der gesellschaftlichen Freiheit der Bürger liegen — was sich leicht sagen, aber nur schwer verwirklichen läßt, solange der Große Entwurf fehlt.